BEI GRIN MACHT SICH IHR WISSEN BEZAHLT

- Wir veröffentlichen Ihre Hausarbeit, Bachelor- und Masterarbeit

- Ihr eigenes eBook und Buch - weltweit in allen wichtigen Shops

- Verdienen Sie an jedem Verkauf

Jetzt bei www.GRIN.com hochladen und kostenlos publizieren

Moritz M. Schmidt

Filmanalyse als Unterrichtsmethode in den Handbüchern der Geschichtsdidaktik und -methodik

Möglichkeiten und Grenzen

GRIN Verlag

Bibliografische Information der Deutschen Nationalbibliothek:

Die Deutsche Bibliothek verzeichnet diese Publikation in der Deutschen National-
bibliografie; detaillierte bibliografische Daten sind im Internet über http://dnb.d-
nb.de/ abrufbar.

Dieses Werk sowie alle darin enthaltenen einzelnen Beiträge und Abbildungen
sind urheberrechtlich geschützt. Jede Verwertung, die nicht ausdrücklich vom
Urheberrechtsschutz zugelassen ist, bedarf der vorherigen Zustimmung des Verla-
ges. Das gilt insbesondere für Vervielfältigungen, Bearbeitungen, Übersetzungen,
Mikroverfilmungen, Auswertungen durch Datenbanken und für die Einspeicherung
und Verarbeitung in elektronische Systeme. Alle Rechte, auch die des auszugsweisen
Nachdrucks, der fotomechanischen Wiedergabe (einschließlich Mikrokopie) sowie
der Auswertung durch Datenbanken oder ähnliche Einrichtungen, vorbehalten.

Impressum:

Copyright © 2013 GRIN Verlag GmbH
Druck und Bindung: Books on Demand GmbH, Norderstedt Germany
ISBN: 978-3-656-62197-3

Dieses Buch bei GRIN:

http://www.grin.com/de/e-book/270673/filmanalyse-als-unterrichtsmethode-in-den-
handbuechern-der-geschichtsdidaktik

GRIN - Your knowledge has value

Der GRIN Verlag publiziert seit 1998 wissenschaftliche Arbeiten von Studenten, Hochschullehrern und anderen Akademikern als eBook und gedrucktes Buch. Die Verlagswebsite www.grin.com ist die ideale Plattform zur Veröffentlichung von Hausarbeiten, Abschlussarbeiten, wissenschaftlichen Aufsätzen, Dissertationen und Fachbüchern.

Besuchen Sie uns im Internet:

http://www.grin.com/

http://www.facebook.com/grincom

http://www.twitter.com/grin_com

Justus-Liebig-Universität Gießen
Fachbereich 04 – Geschichtswissenschaften
Historisches Institut

Filmanalyse als Unterrichtsmethode in den Handbüchern der Geschichtsdidaktik und -methodik: Möglichkeiten und Grenzen

(Referatsausarbeitung)

Seminar – „Der DDR-Film als Quelle im Geschichtsunterricht"
Wintersemester 2012/2013

Moritz M. Schmidt
Lehramt-L2
3. Fachsemester

Inhaltsverzeichnis:

1. Einleitung

In diesem Beitrag soll aufgezeigt werden, welche Vor- und Nachteile der Einsatz von Filmen und Filmausschnitten im Geschichtsunterricht hat und wie Filme im Unterricht eingesetzt werden sollten.

Die Frage, die sich stellt, ist, ob überhaupt eine Sinnhaftigkeit im Einsatz von Filmen im Geschichtsunterricht für den lernpsychologischen Erfolg der Schülerinnen und Schüler besteht.

„Historisches Interesse, Wissen, Verständnis und Bewusstsein der Lernenden wird mehr durch Filme und Fernsehen gesteuert als durch den Geschichts- und Politikunterricht"[1]. Am Ende soll dieser Gedanke von Bodo von Borries erneut aufgegriffen und begründet werden.

2. Arten von Filmen (in Bezug auf Unterrichtskompatibilität)

Es gilt zunächst vier verschiedene Arten von Film zu unterscheiden: zunächst das Filmdokument. Dabei handelt es sich um Aufzeichnungen im Originalzustand aus einer vergangenen Zeit.[2] Ein Beispiel für diese Filmgattung ist die *NS-Wochenschau*.

Die zweite Art von Film bildet der Dokumentarfilm. Hierbei dreht sich alles um zusammengestellte Filmdokumente mit Zeitzeugeninterviews, Karten, Grafiken, Hintergrundmusik usw.[3] Das wohl bekannteste Beispiel stellen hierfür wohl die unzähligen Dokumentationen von Guido Knopp dar. Ein Sonderfall von Dokumentation ist hier allerdings noch zu nennen: Leni Riefenstahls Dokumentation über die Nationalsozialisten ist ein historischer Dokumentarfilm und ist somit in die erste Kategorie der Filmdokumente einzuordnen.

Für den Unterricht bieten sich drittens die Unterrichtsfilme an. Solche Filme haben einen speziellen didaktischen Bezug. Dies zeigt sich beispielsweise durch kurze und prägnante Sequenzschnitte. Meist liegen dem Film Fragen an die Schüler und Unterrichtsmaterial bei. Das Filmformat bilden normalerweise Dokumentarfilme wie bereits eben erwähnt.[4]

Bei der letzten Gattung handelt es sich um den historischen Spielfilm. Dies sind „Filme, deren Handlung in früheren Zeiten spielt".[5] Die Schülerinnen und Schüler werden hiermit am häufigsten außerhalb (und womöglich auch innerhalb) der Schule konfrontiert. Beispiele hierfür sind unter anderem *Schindlers Liste*, *Der Untergang*, *Das Leben der Anderen* u.v.m.

---

[1] Bodo von Borries (1983): *Geschichte im Fernsehen und Geschichtsfernsehen in der Schule*, in: Geschichtsdidaktik 8, S. 221-238 (zitiert aus: Zwölfer, S. 125).
[2] Vgl. Sauer, S. 214.
[3] Vgl. ebd., S. 214.
[4] Vgl. ebd., S. 215.
[5] Vgl. ebd., S. 214.

3

3. Welche Vorteile hat der Filmeinsatz im Unterricht?

Es gibt mindestens fünf Vorteile für den Filmeinsatz im Unterricht. Zum einen bieten Filme dem Betrachter durch die handelnden Personen und die darstellerische Freiheit eine bessere Vorstellungskraft. Zum anderen beinhalten Filme eine besondere Ausdrucks- und Erlebnisqualität. Darüber hinaus bietet die Filmverwendung die Möglichkeit, dass sie jederzeit eingesetzt werden kann. Dies kann sowohl zu Beginn als auch in der Mitte oder am Ende einer Unterrichtseinheit geschehen. Weiterhin eröffnet der Filmeinsatz dem Zuschauer die Möglichkeit, bewegte Bilder mit geschichtlichem Wissen zu vernetzen. Schließlich – und das scheint für das spätere Leben der Schülerinnen und Schüler wohl das wichtigste zu sein – können sie besser am weiteren „(...) Lernprozess teilnehmen, weil die Abstraktion immer wieder auf konkrete Bilder zurückgeführt werden kann."[6] Günther-Arndt nennt vier weitere Vorteile des Einsatzes von filmischen Quellen im Unterricht[7]: Erstens sind filmische Quellen „nahe an der historischen Wirklichkeit"; sie vermitteln weiterhin „stärker als viele Text- und Bildquellen die Atmosphäre des Zeitgeschehens"; drittens präsentieren sie „auch scheinbar Unwesentliches, das andere Quellen nicht bieten" und sie „entwickeln Vorstellungsbilder von Geschichte."

4. Welche Nachteile ergeben sich durch den Filmeinsatz im Unterricht?

Der Einsatz von Filmen im Unterricht ist vor allem mit einem sehr hohen Zeitaufwand verbunden, wenn die Betrachtung eines Filmdokuments für den Lernerfolg der Schülerinnen und Schüler effektiv sein soll. Als unvorteilhaft können sich Dokumentarfilme mit Zeitzeugeninterviews herausstellen, da diese dem Betrachter suggerieren können, dass dieser Teil der Geschichte sich wie in ihren Schilderungen abgespielt hat. Die Antworten sollten jedenfalls überprüft werden, denn diese Art von Geschichtserlebnis ist immer subjektiv. Filme können ebenso die Reize der Schülerinnen und Schüler überfluten. Dies kann dazu führen, dass sie sich keine objektive Meinung mehr bilden können. Eine Gefahr stellen historische Spielfilme dar, denn sie können den Eindruck erwecken, dass es sich bei diesem Film um eine historische Realitätsabbildung handelt und dass alles entsprechend abgelaufen ist. Zwei Beispiel wären hier nachträglich hinzugefügte Liebesgeschichten oder auch der Einleitungssatz zu Beginn eines Films: *Basiert auf einer wahren Geschichte/Begebenheit.* Schließlich können die Schülerinnen und Schüler schnell durch die

---

[6] Zwölfer, S. 127-128.
[7] Vgl. Günther-Arndt, S. 167.

„Macht der Bilder" überwältigt werden.[8] Durch ein offenes Klassengespräch, in dem jeder zu Wort kommen sollte, sollten beispielsweise nationalsozialistische Reize direkt besprochen werden.

5. Arbeiten mit dem Film nach Norbert Zwölfer[9]

Norbert Zwölfer empfiehlt für die Länge des Filmausschnittes einen Zeitrahmen von zehn bis maximal 15 Minuten. Die restliche Zeit sollte zum Verstehen, Fragen stellen und Analysieren genutzt werden. Am Ende müssen sich am Ende des Filmausschnittes unbedingt äußern dürfen. Jedoch sollte dazu in der Klasse eine Regel existieren, die das Auslachen einer Schülerantwort verbietet. Nur so ist eine ehrliche Äußerung möglich. Ein NS-Propagandafilm, der – wie oben beschrieben – die Macht besitzt, junge Menschen zu verführen, muss daher ebenso offen besprochen werden. Dies ist die Pflicht der politischen Erziehung eines jeden Lehrers.

Darüber hinaus sollte mit den Schülerinnen und Schülern die Filmsprache besprochen werden. Es gibt Sequenzen, die sind absichtlich aus dieser oder jener Kameraperspektive aufgenommen, um damit ein bestimmtes Gefühl beim Zuschauer auszulösen.

Schließlich bietet sich ein Vergleich zwischen mehreren Filmen oder Sequenzen an. Die Wochenschau der Nationalsozialisten und die der Alliierten des gleichen Zeitraumes. So wird den Schülerinnen und Schülern die Beeinflussung der Medien bewusst.[10]

6. „Filmarbeit im Geschichtsunterricht" (kurzgefasst)[11]

- Filmausschnitt präsentieren
- erste Eindrücke sammeln
- thematische Klärung von Inhaltsfragen
- Analyse des Bildmaterials und der Wirkungsabsichten
- Analyse einzelner Einstellungen (Schnitte, Ton, Musik, Kommentar, Kamera etc.)
- Vergleich mit anderen Quellen
- (erneute Betrachtung des Filmausschnittes und) Beurteilung

---

[8] Vgl. Zwölfer, S. 125.
[9] Vgl. ebd., S. 127.
[10] Vgl. Sauer, S. 216.
[11] Vgl. Zwölfer, S. 136.

7. Fazit

Der Einsatz von Filmausschnitten, wenn nicht sogar von ganzen Filmen, ist nach Abwägung der Vor- und Nachteile ein sehr wichtiger Aspekt des Geschichtsunterrichts. Selbstverständlich nimmt eine detaillierte Filmanalyse viel Zeit in Anspruch, aber der eingangs erwähnte Gedanke von Bodo von Borries scheint die Nachteile in den Hintergrund zu rücken. Dafür sollte allerdings beachtet werden, dass „der Film als rein illustrative Belohnung oder als krönender Abschluss vor den Ferien untersagt bleiben [sollte]."[12] Leider ist dieses Szenario immer noch häufig in Schulen anzutreffen, aber eine genaue Bearbeitung der Filmausschnitte ermöglicht es den Schülerinnen und Schülern erst, das Gesehene lernpsychologisch sinnvoller mit ihrem Wissen zu verknüpfen. Dadurch haben sie die Möglichkeit, zu einem späteren Zeitpunkt auf eine bestimmte Bearbeitungssituation zurück zu greifen und diese aus ihrem Gedächtnis abzurufen.

Didaktisch sprechen also alle Argumente für den Einsatz von Filmen, denn die Nachteile verschwinden durch gute vorausgehende Zusammenarbeit im Plenum.

8. Literaturempfehlungen:

- Meyers, Peter: *Film im Geschichtsunterricht. Realitätsprojektionen in deutschen Dokumentar- und Spielfilmen von der NS-Zeit bis zur Bundesrepublik. Geschichtsdidaktische und unterrichtspraktische Überlegungen*, Frankfurt am Main. 1999.
- Pandel, Hans-Jürgen: *Quelleninterpretation. Die schriftliche Quelle im Geschichtsunterricht*, Schwalbach/Taunus. 2000.
- Reeken, Dietmar von: *Gegenständliche Quellen und museale Darstellungen*, in: Günther-Arndt, Hilke (Hrsg.): *Geschichtsdidaktik, Praxishandbuch für die Sekundarstufe I und II*, Berlin 2003, 137-150.
- Sauer, Michael: *Bilder im Geschichtsunterricht. Typen – Interpretationsmethoden – Unterrichtsverfahren*, Seelze-Velber. 2000.

9. Literatur:

- Günther-Arndt, Hilke (Hrsg.): *Geschichtsmethodik. Handbuch für die Sekundarstufe I und II*, 3. Aufl., 2010, Berlin, S.167–168.

---

[12] Zwölfer, S. 126.

6

- Sauer, Michael: *Geschichte unterrichten. Eine Einführung in die Didaktik und Methodik*, 10. Aufl., 2012, Seelze, S. 214–228.

- Zwölfer, Norbert: *Filmische Quellen und Darstellungen* in: Günther-Arndt, Hilke (Hrsg.): *Geschichtsdidaktik. Praxishandbuch für die Sekundarstufe I und II*, 6. Aufl., 2011, Berlin, S. 125–136.